VIEILLES MURAILLES DE NICÉE, VOISINES DE BROUSSE.

# LE BERCEAU DES SULTANS

## I

Brousse — *Prusa ad Olympum* — est, par sa situation, la plus belle ville de l'Anatolie, de même que, par son commerce, l'un des marchés les plus importants de l'Asie-Mineure. Les Turcs l'appellent le berceau de leur empire. Berceau sanglant. C'est là, en effet, que commença leur domination, issue du massacre, lorsque, en 1356, Orkhan planta sa lance, en signe de conquête, sur ces murs bâtis dix-neuf siècles auparavant par le fameux roi de Lydie, et fortifiés par Annibal, quand il chercha un asile auprès de Prusias en Bithynie. Brousse fut la résidence des sultans jusqu'à la prise de Constantinople. Détrônée par celle-ci, qui devint la capitale de la Turquie, elle descendit d'abord au second rang, puis tomba au troisième, mais ne cessa d'être fréquentée par les musulmans et les chrétiens qui vinrent y chercher, sans distinction de croyances, la santé dans les sources et bains d'eaux chaudes célèbres depuis l'antiquité. Cité sainte, elle fut choisie pour séjour, entre toutes celles qui arborent le Croissant, par Abd-el-Kader, lorsque Napoléon III mit fin à l'internement de l'émir arabe. Chef-lieu d'un vilayet, dont l'industrie est très active, Brousse est aujourd'hui à demi-détruite par les incendies et les tremblements de terre. « Elle n'étale plus, dans un cadre de verdure, les dômes étincelants de ses cent cinquante mosquées, mais la nature en orne toujours les ruines. Dans les murailles antiques, dorées par le temps, derniers débris de la ville de Prusias, grimpent et fleurissent les arbustes sauvages, et sur les bords du *Vallon céleste*, qui s'enfonce à pic au milieu de la ville, se penchent des jardins suspendus, entourés d'énormes haies de roses blanches qui se balancent et s'effeuillent sur le précipice. Et la montagne elle-même est un jardin immense, où habitent parmi les tombeaux des santons et des prophètes, les derviches musulmans, qui ont remplacé dans ces solitudes les anachorètes chrétiens. Il semble que l'Olympe ait toujours conservé l'attrait d'un lieu sacré, et les Turcs l'appellent encore *Montagne des Moines* (1). »

Il semble aussi que la nature, jalouse sans doute de ce site et irritée de le voir aux mains d'un peuple qui prêche la dévastation et la pratique avec un fanatisme sauvage autant qu'incessant, ait voulu se venger de cet outrage infligé à ses créations en les détruisant elle-même. De terribles bouleversements géologiques ont eu lieu ici. Parmi ces cataclysmes le plus effroyable fut celui de 1855, dont on ne peut relire sans émotion le récit que nous retrouvons dans un document de l'époque (2) :

« Dès le milieu d'octobre 1854, dit un témoin des faits, les saisons, d'ordinaire régulières en Anatolie, y subirent des changements dont il était facile de prévoir les conséquences. L'automne, généralement sec jusqu'à la fin de décembre, fut extrêmement pluvieux et il ne se passa pour ainsi dire pas un seul jour sans averses torrentielles. En janvier 1855, on eut de la neige, qu'on n'avait pas vue depuis des années, et elle tomba si abondamment qu'on en constata jusqu'à trois pieds de haut. Puis reparurent les fortes pluies. Vers le 15 février, les vents du sud-ouest, qui avaient régné tout l'automne et l'hiver, redoublèrent de violence. Le printemps commença alors et fut extraordinairement chaud, au point que les amandiers, pêchers et pruniers se couvrirent de fleurs prématurément.

« Le 28 février, après plusieurs jours d'excessive chaleur, éclata un épouvantable orage, accompagné de grêle, et qui dura plus d'une heure dans l'après-midi, la matinée ayant été presque entièrement remplie par les ondées. A l'orage succédaient des bouffées en quelque sorte brûlantes. Vers quatre heures, nouvelle chute de pluie et, tout à coup, un tremblement de terre; deux fortes secousses du sud-ouest au nord-est ébranlant les maisons, ensuite, durant quinze à vingt vingt secondes, des secousses verticales qui firent vaciller toutes les constructions sur leurs bases, prédisant la chute imminente. Aussi tous les bâtiments en pierre, qui dataient des premiers sultans, ont-ils énormément souffert. La plupart sont devenus inhabitables et beaucoup se sont écroulés complètement, entre autres la vieille cathédrale grecque, ainsi que le tombeau d'Osmangik, plusieurs mosquées, des khans et une partie des murailles du quartier grec. Le plus grand nombre des minarets a été découronné; et tous, à peu d'exceptions près, ont subi de sérieux dommages. La grande mosquée, Ulu-Dschami, a perdu les pointes de ses minarets et il y a de larges lézardes dans ses vingt coupoles. Les mosquées de Mourad I*er*, d'Orkhan, de Mohammed I*er*, de Bajazet I*er*, de Mourad II, ont perdu leurs minarets et ont subi de plus ou moins grands dommages. Les grands khans de pierre, bâtiments fort bien construits, le pont couvert, qui date du temps de la domination grecque, et le grand pont de Sert-Baschi, tous deux sur le Gœgdere, se sont écroulés et le

---

(1) Paul GEBHART. *Revue des Deux Mondes*, 15 juin 1897.
(2) *Allgemeine Zeitung*, mars 1855.

toit du premier effondré. Beaucoup des khans ne peuvent plus servir aux commerçants. Les autres ne tarderont pas à tomber en ruines à leur tour. Plus de deux cents personnes ont péri dans la catastrophe. Il faut signaler en particulier la terrible fin d'un tisseur de soie qui, avec son fils et ses vingt-huit ouvriers, fut enseveli sous les débris des fortifications et qui, peut-être vivants encore, furent carbonisés par le terrible incendie qui se déclara dans la ville. Beaucoup d'autres habitants trouvèrent la mort sous les ruines de leur propre maison. La douleur publique était indescriptible. Il ne restait pas dans la ville une seule maison intacte ; celles de la ville basse souffrirent le plus, tandis que celles qui sont disposées en demi-cercle entre les deux boucles du Gœgdere, dans la partie supérieure de la vallée, sont relativement bien conservées. Les environs, notamment à l'ouest de Brousse, et en particulier les villages du nord ont subi d'effrayants dégâts. Beaucoup sont complètement en ruines. Au contraire, à plusieurs lieues à l'est de Brousse, la force de la secousse paraît être brisée et les dommages sont insignifiants.

« Aussitôt après le premier tremblement de terre la principale source minérale, Kukurtlu, continua de couler, mais toutes les autres furent troublées pendant plusieurs heures et quelques-unes se trouvèrent hors d'usage. Les dangers que courut la population furent très grands, aussi provoquèrent-ils une panique générale. D'autant plus que les secousses se répétèrent journellement en provoquant des oscillations d'une certaine durée. Une demi-heure après le principal tremblement, il y eut encore une douzaine de commotions. Les unes environ deux ou trois heures après le coucher du soleil, les autres dans la matinée suivante, entre neuf et dix heures. Les secousses perpendiculaires n'étaient précédées d'aucun bruit. Les horizontales, au contraire, s'annonçaient par des bruissements souterrains et toujours dans la direction du sud-ouest au nord-est. Cela dura jusque dans la nuit du 4 au 5 mars, mais on entendit encore des grondements le 28 mars. Alors le temps devint si beau qu'on se serait cru au mois de mai. Presque aussitôt après, pourtant, il y eut des coups de vent et des averses. Chose extraordinaire, c'était surtout le vendredi que se reproduisaient les tremblements. Beaucoup de maisons de bois, qui avaient été épargnées au commencement de la catastrophe, s'écroulèrent, d'autres fléchirent, et il fallut les étayer. La plupart des murs s'effondrèrent. Ce ne fut que vers le 1ᵉʳ avril qu'on reprit un peu de sécurité et que le commerce paralysé recouvra son allure ordinaire. »

## II

Ces avertissements de la nature n'eurent point d'effet sur les musulmans. Le fanatisme n'en tint aucun compte, et l'esprit de destruction sévit plus que jamais parmi les sectateurs de l'Islam. On en a eu la preuve dans l'histoire de la Turquie depuis quarante ans. C'est à Brousse surtout que se manifestent dans la population de toutes les classes et de tous les âges, riches et pauvres, jeunes et vieux, une haine irréconciliable contre les étrangers, que l'on comprend tous sous le nom commun de *chiens de chrétiens*. Aussi, la situation de ces étrangers y est-elle des plus graves. Les Arméniens et les Grecs qui habitent les villages avoisinant les grands centres, les Turco-Grecs, issus des deux races, sont constamment exposés au pillage, aux cruautés et aux massacres. Quand on ne les tue pas, on les maltraite, on les vole, on les dépouille de tout ce qu'ils possèdent : moutons, vin, poules. On bat les femmes, on martyrise les enfants, et ceux qui se plaignent aux autorités courent le risque de voir incendier leurs maisons ou leurs champs. Il en résulte que les pauvres gens, n'ayant point de moyens de défense, subissent sans protester cette oppression, dont l'impunité augmente l'audace. Il y a une trentaine d'années, les Turcs avertissaient presque chaque mois les chrétiens de Brousse que l'on allait, le jour du Ramazan, faire une Saint-Barthélemy des disciples du Christ. On avait même, dans le voisinage du lac Apollonia, organisé une société secrète pour l'extermination des chrétiens.

Cette attitude de l'élément dominant n'était réprimée que par l'intérêt qu'avaient les Sultans à favoriser l'établissement des étrangers à Brousse, afin de donner du développement à l'industrie, pour laquelle les musulmans n'ont, en général, ni aptitude ni inclination. Or, les Turcs s'opposaient autant qu'ils le pouvaient à ces établissements, et ils étaient soutenus par les autorités qui, cédant elles-mêmes au fanatisme, méconnaissaient la volonté du Sultan. Quand celui-ci a des intentions humanitaires, ce conflit ne dure pas longtemps ; mais il arrive le plus souvent que le Chef des Croyants laisse faire et passer et alors le berceau des Sultans baigne dans le sang comme à son origine.

Autrefois, avant le règne actuel, les vakoufs, ou régisseurs des biens de l'État, administraient environ 90 pour 100 de la totalité du sol, qui appartenait soit directement à la couronne, soit aux mosquées. Ces vakoufs, richement rétribués, avaient sous leurs ordres une nuée de fonctionnaires qui, pareils aux sauterelles en Égypte, s'abattaient sur la population chrétienne. Leur suprématie s'étendait sur toute la région et ils avaient comme appui tout le vieux parti turc des ulémas et aussi tous ceux qui se trouvaient en rapport avec les mosquées, les couvents, etc.

C'est ce qui se passe encore aujourd'hui dans presque toute la Turquie. Et c'est ce qui empêche bien des réformes, sans compter l'indifférence ou l'obstination des Sultans eux-mêmes. Ces vakoufs de Brousse sont, entre tous les hauts fonctionnaires, les plus âpres à la curée et les plus prompts à rendre illusoires toutes les mesures qui pourraient partir de Constantinople pour accorder la liberté de croyance aux habitants du vilayet.

Sans doute, il semblerait que cette situation, qui existait il y a un demi-siècle, dût s'être modifiée, et que la civilisation, pénétrant quand même dans les milieux les plus fermés à son influence, dût avoir exercé quelque action sur l'Anatolie. Il n'en est rien, par malheur. Les réformes ne s'effectuent en Turquie qu'à la surface et les témoignages abondent, même dans les temps les plus récents, de ce fanatisme invétéré contre lequel la diplomatie européenne, malgré toutes ses promesses, est restée impuissante. Le développement des villes turques s'en ressent nécessairement, et il n'est pas étonnant que dans la Mosquée verte et devant le tombeau de Mahomet on entende encore des imprécations contre les chrétiens, suivies de ces tueries en masse qui restent impunies.

Les Orientaux disent que les destinées d'un peuple sont portées par des génies apparaissant à son berceau. Cela est vrai pour Brousse. Son histoire le démontre dans le passé, et il est à craindre que son avenir ne l'atteste également.

Charles SIMOND.

ARABA, ATTELAGE TARTARE.

# BROUSSE

L'Anatolie, plus que toute autre partie de l'Asie Mineure et de la Turquie d'Europe, offre au voyageur un champ si fertile en souvenirs, qu'il peut suivre, à travers ses plaines brûlées, la marche des plus intéressants épisodes des civilisations. N'est-ce pas là que les héros et les dieux illustrèrent la légende de leurs fabuleux exploits, là que l'égyptien Sésostris heurta les hordes des Scythes descendues des steppes du Nord, là enfin que l'Occident et l'Orient, le progrès et la barbarie, engagèrent de terribles combats. De son sol classique tout un monde de visions s'élève, et à écouter vibrer les voix du passé, on sent revivre les plus étonnantes épopées de l'histoire. C'est le christianisme bâtissant ses églises sur les ruines des temples païens ; c'est le grand persécuteur Dioclétien dépouillant à Nicomédie la pourpre impériale ; c'est l'armée des croisés traversant la contrée dans sa marche vers le Saint-Sépulcre ; c'est l'envahissement des légions de l'Islam plantant sur les autels l'étendard vert du prophète.

Partout des ruines nombreuses attestent ces gloires disparues. Elles érigent parmi les floraisons sauvages, dans une féerie de lumière qui met autour d'elles comme un nimbe de clarté, leurs vieux murs, leurs sculptures effritées, leurs colonnes branlantes, morceaux du passé qui sont comme des bornes, marquant sur les chemins de l'humanité les étapes des générations oubliées. Non seulement les villes, mais encore les villages, les minimes bourgades, blotties dans l'ombre des platanes, révèlent ces vestiges. Et il semble que le passé, en fauchant partout ses magnificences et en multipliant ses monuments, ait voulu conserver et grandir, même dans le recul des siècles, le souvenir de sa gloire. Nulle ville plus que Brousse n'est capable de créer ce prestige. Car la perle de l'Anatolie n'est pas seulement un paradis, grâce à son climat, à ses eaux abondantes et à sa fertile vallée, elle est aussi la capitale d'autrefois où reposent les premiers sultans osmanlis, fondateurs de l'empire, la cité sainte où les croyants peuvent évoquer la mémoire des guerriers, des derviches et des santons (1) les plus vénérés de l'Islam.

La population de Brousse a beau diminuer, chassée par les tremblements de terre, si fréquents en son sol volcanique, ou poussée de plus en plus vers la côte depuis qu'un chemin de fer la relie à la mer de Marmara, la ville n'en reste pas moins un des plus beaux sites de la Turquie d'Asie, joignant à la richesse de la nature, les splendeurs des monuments et la beauté des évocations. Car Brousse fut la première capitale de l'empire ottoman, et si la ville des vieux Osmanlis a perdu son éclat d'autrefois, il n'en est pas moins vrai qu'elle fut longtemps la grande métropole où la munificence des successeurs d'Osman se plut à édifier des merveilles. Brousse fut fondé, croit-on, au temps de Crésus, et Trajan, dans ses correspondances, parle de ses bains d'eau chaude, où les patriciens de Byzance allaient rechercher la santé. En 1326, après un siège de dix années, elle fut prise par les hordes d'Osman, sultan d'Iconium. Mais le conquérant ne put jouir de son triomphe. Il mourut le soir même de la capitulation, et la chapelle du château fort de la cité fut transformée en mosquée, pour recevoir sa dépouille. Son fils Okhan lui succéda et, dès lors, la capitale du nouvel empire connut des jours heureux. Des palais s'édifièrent partout; des mosquées et des turbés (2) magnifiques commémorèrent la gloire des sultans illustres, et, sur les flancs de l'Olympe et dans les campagnes voisines, les tombes des Santons rappelèrent les vertus et le fanatisme des moines.

Si la cité a perdu son titre de capitale, elle conserve, aux yeux des Turcs, son caractère sacré, et reste encore, malgré sa décadence, malgré la désuétude de ses monuments, une ville sainte. Plus que la capitale actuelle de l'empire, plus même que le vrai cœur de l'Islam en Europe, où s'érige la mosquée du sacre des sultans, Brousse a droit au respect des Osmanlis. A parcourir ses rues, à pénétrer dans la paix de ses mosquées, on évoque bien mieux qu'en les autres villes d'Asie, la grandeur passée des Turcs. La beauté d'un autrefois fabuleux semble palpiter dans l'ombre des temples et des mausolées. Un charme monte des mystères ensevelis sous les faïences.

(1) Santons — moines, anachorètes.
(2) Turbés — Monuments abritant les tombeaux.

sous les marbres, sous les dorures fanées comme si tous les morts
illustres s'entouraient encore d'une atmosphère de gloire et de
fanatisme.

*\*\**

Le bateau qui va du quai de Galata à Moudania, le port de
Brousse, est un de ces affreux sabots à aubes dont le gouvernement
ottoman autorise le lent va-et-vient entre Constantinople et les
ports de la côte d'Asie, pour le désespoir des voyageurs. C'est un
vrai paquebot d'Orient, marchant à hue et à dia, avec de temps en
temps comme une reculade devant les houles, pourtant très douces,
de la mer de Marmara, un vieux steamer lourd, sale, puant, mais
pittoresque, réceptacle propice des légions de Levantins qui, à
chaque voyage, empilent sur son pont leurs crasses, leurs guenilles
et leurs marmailles.

Les gars de l'équipage, voire le capitaine, complètent le bâtiment :
une dizaine de Turcs et de Grecs déguenillés s'occupent à des beso-
gnes lentes, avec cette énervante nonchalance qui est le propre de
la race levantine.

Du haut de la passerelle, où les passagers des premières essaient
de se garer des odeurs nauséabondes qui s'échappent de la cui-
sine du paquebot, on avise le pittoresque spectacle du pont
encombré par la foule. Vraie cohue orientale où tous les types se
confondent, où vibre, dans des alternances d'ombres et de clartés,
une incroyable diversité de couleurs. Ce sont des Turcs que coiffe
l'éternel fez rouge, quelquefois bordé d'un turban blanc ; des
Kurdes aux culottes bouffantes, aux vestes passementées de rubans
noirs et ouvertes sur une chemise blanche, laissant voir des pec-
toraux denses et velus ; des commerçants juifs engoncés en de
longues lévites fourrées ; des ulémas (1) en longue robe noire ou
brune, aux têtes d'extase abritées sous les hauts turbans blancs ;
des officiers et des soldats, dont les uniformes sont plus rapiécés
et plus sales que les guenilles des pires malchanceux de nos tri-
mards ; des derviches (2) aux bonnets de feutre gris, des hamah (3),
dont les trous multicolores qui les vêtent laissent voir la peau
brune. Puis, il y a les femmes : des turques, enveloppées en des
feredgés (4) aux couleurs voyantes ; des grecques portant des costumes européens poissés de graisse et vieillis ; des filles de la côte
de Marmara, aux vestes courtes brodées de dorures, aux cheveux
s'effilant en tresses multiples, çà et là barrées de fils d'argent.
Sous la toile tendue au-dessus du pont, à l'abri du soleil ardent
qui étale sur l'infini des eaux ses plaques de clartés, cette cohue

(1) Ulémas : prêtres.
(2) Derviches : moines musulmans.
(3) Hamah : portefaix.
(4) Feredgés : longue blouse serrée à la taille et cachant même le derrière de
la tête.

grouille et fait du bruit. Des marmailles se roulent sur des couvertures, entre les pyramides de ballots et des paniers de fruits ; des hommes dorment, face en l'air, vautrés parmi les caisses ; des femmes se gorgent de pastèques ; croupetées sur des loques ou de vieux tapis ; on les voit plonger leurs doigts rougis par le henné dans la pulpe sanglante ; dans un coin, deux Kurdes s'amusent à planter leurs poignards, à la volée, dans un cercle tracé sur les planches ; des groupes s'échelonnent le long des cordages et regardent la mer ; la voisine côte d'Asie, les îles des Princes se perdent tout là-bas vers Kadi-keui, dans une apothéose de lumière. L'ombre de la tente atténue les couleurs, l'éclat des verroteries et des hail-

LE PORT DE MOUDANIA.

lons. Et çà et là, par des trous, des jets de lumière envoient des rayons d'or qui éclairent les coins, font sortir des chaudes pénombres, un visage, la tache pâle d'un feredgé, la luisance d'une arme.

Un peu avant d'entrer dans la baie de Moudania, il y eut des remous dans la foule, c'était l'heure du namaze de midi. Et, petit à petit, des hommes s'en furent à l'avant pour prier ; d'autres gravirent l'escalier de la passerelle et s'installèrent sur le tambour de gauche, devant la lumière. Ceux-là étaient plus riches que les pouilleux du pont. Il y avait parmi eux des officiers, des commerçants, et un uléma en robe brune précédait leur groupe.

Ils se déchaussèrent, étendirent, sur les planches trouées enfermant le romon des aubes, de petits tapis ou des mouchoirs. Les yeux mi-clos, la face tournée vers la Mecque, ils prièrent, debout sur ces morceaux de tissus qui devaient, comme en les mosquées,

VUE GÉNÉRALE DE BROUSSE ET DU MONT OLYMPE.

protéger leurs pieds des contacts impurs. Sur la splendeur de la mer et du ciel bleu, leurs silhouettes se découpaient, pareilles à des ombres. Ils priaient dans une ferveur silencieuse, avec des remuements de lèvres et des gestes aveulis. Parfois, leurs bras se levaient, leurs mains se glissaient derrière les oreilles ou se tendaient en avant, comme dans un espoir de caresse; ils s'agenouillaient aussi et heurtaient les planches de leurs fronts, comme pour scander leurs silencieuses oraisons. L'uléma avait sur sa face la joie d'une extase. Ses gestes dirigeaient le groupe. Et quand il levait les bras, il semblait, avec sa longue robe brune et son turban blanc, un grand oiseau prenant son vol, vers la lumière.

*
* *

Moudania est le port de Brousse. C'est une bourgade presque proprette, bâtie sur les collines formant la baie, épandant ses maisons de bois, peinturées de couleurs pâles, ses mosquées et ses minarets, sur les fonds plus sombres des verdures. En face, de l'autre côté du golfe, d'autres villages, grecs et arméniens, se cachent dans les floraisons, les cyprès et les plantations. Et sous le ciel splendide, dans la limpidité de l'air, tout cela forme un merveilleux décor : l'indigo des eaux calmes, çà et là nacrées par la flambée solaire, le bleu pâle de l'espace, les monts aux sommets violets et aux flancs tapissés des larges fauchures brunes et vertes des champs et des jardins, les taches claires des maisons, des temples et des mosquées, et, par-dessus tout, la magie de la lumière.

Un petit débarcadère de bois s'avance dans l'eau et la gare du chemin de fer est voisine. C'est un bâtiment propre et bien agencé, aux murs blancs, aux toitures de tuiles. Sa cour est encombrée de porte-faix, d'oisifs, de marchands, de femmes turques accroupies contre les pierres et s'amusant du va-et-vient des voyageurs s'empilant en les wagons, de gagne-petit trottinant le long du train et criant leurs sorbets, leurs gâteaux et leurs fruits.

Le chemin de fer traverse un des plus beaux paysages de l'Anatolie et offre au voyageur le spectacle d'une nature admirable et diverse. Au sortir de la station commencent les rampes : il faut escalader tout le massif montagneux qui ferme la baie. La voie a été installée économiquement, sans travaux d'art. On n'a pas ménagé, il est vrai, la longueur du parcours, car pour éviter, ou l'escalade trop brusque des collines, ou le creusement des masses granitiques, on a contourné les obstacles, de sorte que la ligne va et vient le long des pentes, en courbes immenses et multiples. Mais on ne se plaint pas, car de chaque côté de la ligne apparaissent de merveilleux paysages.

Tantôt, c'est tout là-bas, au fond de l'entonnoir des collines.

l'eau bleue du golfe, et, plus loin, la nappe immense de Marmara. Tantôt, ce sont des vergers luxuriants aux arbres chargés de fruits, des champs de mûriers, d'orangers, de figuiers, de vignes. Sur la terre brune et calcinée, les dômes de ces verdures étendent de larges pans d'ombre mauve, où des fruits écroulés mettent des taches. Çà et là, entre les branches des platanes, des huttes de paille font des abris aux gardiens qui chassent les oiseaux pillards. Parfois aussi, dans une espèce de clairière ouverte en les plantations, des maisons de bois ou des huttes s'érigent, pauvres abris dont le soleil ne parvient pas à farder la misère.

Les cimes franchies, la plaine commence, fermée là-bas par l'Olympe et ses contreforts. Ici la nature change. Ce sont maintenant des campagnes plus arides qu'égaient de rares champs de maïs, des vergers, des maisonnettes isolées ou des pâturages. Sur les routes poussiéreuses, passent des chariots de paysans traînés par des bœufs, des chameaux chargés de ballots, des tarabas (1), dont les caissons peinturlurés abritent des enfants et des femmes.

Des troupeaux de buffles conduits par des Kurdes parcourent le pays. On les voit s'arrêter auprès des puits ou des mares aux grands roseaux roux, boire aux rigoles des citernes. Et c'est soudain devant la fuite du train, la furtive beauté d'un tableau joli. Pour fond, sous le ciel clair, il y a les lointaines collines ocreuses et le déroulement de la plaine ; plus près, des nappes d'herbages et de roseaux tapissent le sol brun. Autour du haut poteau et du levier de bois qui servent à tirer l'eau de la fontaine, le troupeau est arrêté, sous la garde du Kurde, haut perché sur son cheval. Des buffles sont affalés, noirs et sales, sur le sol boueux; d'autres s'abreuvent à même l'arbre évidé, qui sert d'auge. Et le romon fuyant du convoi qui file n'apeure pas le troupeau. L'homme se tourne à peine; les buffles restent couchés sans inquiétude en leurs feux paternes; l'une des bêtes buvant lève la tête, veut beugler au train qui passe, et l'eau débouline en goutelettes brillantes de son muffle gris.

Sur cette nature la vesprée tisse ses voiles ; le soleil disparaît lentement derrière les monts. Mais voici que Brousse apparaît au pied de l'Olympe. La lumière fait encore sortir des verdures les taches blanches des maisons, des bains, des mosquées, et derrière, sur la cime de la montagne sacrée, un restant de clarté étend comme un émail rose et fugitif.

*
* *

Brousse couvre, sur une longueur d'une lieue, une série de collines formant les premiers contreforts de l'Olympe. Devant, il y a les

---

(1) Tarabas : voiture du pays, ornée de draperie.

vergers et les campagnes de la vallée; derrière, s'élève le mont
L'âme de la cité ancienne se retrouve en ce vieux quartier turc qui
subsiste près des restes de l'hissar, l'ancien château fort dont la
place est marquée par des débris de vieux murs romains formés
de gros blocs taillés et superposés sans mortier. C'est là aussi
que se trouvent, sur une esplanade ombragée de platanes, les tombeaux vénérés d'Osman et d'Orkhan, les fondateurs de l'empire.

De cet endroit on domine la ville entière. Et il semble que les
premiers sultans aient choisi, pour reposer, cette placette voisine
des vieux murs, afin de dominer encore de leurs ombres glorieuses la
cité splendide et l'admirable pays qu'ils léguèrent à leurs successeurs. La vue embrasse non seulement la ville mais encore les campagnes lointaines et le village presque tout entier. A droite voici
l'Olympe, dont la cime semble très proche, dans la limpidité de l'air;
des forêts, des bouquets de cyprès et de platanes couvrent ses
flancs, mais leurs tons durs, s'effacent petit à petit, vers les cimes,
dans la grisaille des granits et des marbres vierges. Pas bien loin des
premiers escarpements, voici, sur une butte, la merveille de Brousse.
la mosquée verte, ou Jéchil-Djami, et son admirable turbé, où repose le fondateur, Mohamed I$^{er}$. Plus près de l'hissar, dominant de
ses minarets et de ses coupoles la masse des toits, s'érige la grande
mosquée, l'Oulou-Djami, un des plus grands temples de l'Islam.
Enfin, vers les faubourgs, s'élèvent d'un côté la mosquée de Bayezid,
près du quartier tartare, et de l'autre la mosquée du sultan Mourad

Mais il est aussi, outre ces édifices religieux, qui doivent leur célébrité à leur luxe ou à la gloire des princes qui les édifièrent, de
nombreux monuments remarquables, ou des ruines intéressantes.
Partout, dans les quartiers arménien, turc, grec, tartare et juif, sur
les dévalements des collines et jusque, tout là-bas, aux confins de la
vallée, des minarets, des coupoles, des portiques et des marbres
émergent des verdures centenaires. Ce sont des mosquées simples
et modestes, encloses dans l'ombre des vieux platanes comme en
la paix d'une chapelle; des turbés dont le mystère abrite les tombes
des sultans; des medressés (1) où étudient des légions de softas; des
bains — tout là-bas, le long de la route d'Anatolie, — des tekkés (2)
de derviches; des ruines antiques. Car Brousse, malgré sa déchéance, demeure une cité sainte où l'on compte par centaines les
temples, les couvents et les tombeaux sacrés, reliquaires où les
vieux turcs gardent encore, dans une ambiance de glorieux souvenirs, la hardiesse de leur croyances.

\*
\*\*

Pas bien loin de la route d'Anatolie sur un des petits contre-

(1) Medressé — école — séminaire.
(2) Tekké — couvent de derviches.

forts qui précèdent le mont Olympe, se trouve la Mouradieh, le

BROUSSE. — MOSQUÉE VERTE. — VUE GÉNÉRALE DE L'EXTÉRIEUR.

cimetière où reposent dans quatorze turbés, quelques-uns des successeurs d'Osman, des princes et des guerriers illustres. Des murs branlants entourent ce jardin des morts. Des platanes centenaires et des cyprès mettent de l'ombre sur les coupoles des tombeaux, sur les fontaines, sur l'herbe sale et jaune qui tapisse le sol. C'est un parc de silence et d'oubli.

Les monuments sont éparpillés au hasard. Ils sont simples, sans caractère et la désuétude de leurs murs, la lèpre qui ronge leurs marbres accentuent encore leur pauvreté. A l'intérieur ils se ressemblent tous. Ce sont des salles rondes ou octogonales qu'éclairent de hautes fenêtres quelquefois garnies de rideaux gris. Les uns ont leurs murs blanchis à la chaux; d'autres s'adornent de vieilles mosaïques aux tons passés ou de draperies. Au milieu, sur un soubassement garni de faïences, s'érige la tombe du maître : un petit catafalque de marbre ou de céramique qui porte à un bout le turban du défunt, et sur l'arête des écharpes pieuses, de petits morceaux d'étoffe, des mouchoirs sacrés venus de la Mecque ou de Médine. Autour de ce mausolée, à côté des chandeliers massifs supportant de gros cierges de cire, s'élèvent d'autres tombes, plus petites et plus simples : celles des femmes et des enfants. Çà et là sur les murs il y a, dans des cadres dorés, des devises coraniques, des lettres arabes, des maximes religieuses, enluminées comme des pages de missel. Des chapelets à gros grains d'ambre ou de bois sont aussi pendus à des clous, près de ces images.

Ce sont des tombeaux trop modestes, des mausolées qui ne savent pas favoriser l'évocation d'un autrefois de magnificence et de grandeur. Il n'y a nul apparat en ces turbés. Et l'œil, qui espérait peut-être la propice vision de richesses rappelant les luxes de jadis de ces rois presque fabuleux, n'avise que l'austérité des murs blanchis, la pauvreté des rares ornements, la simplicité des tumulus érigés par-dessus les cercueils. Pourtant ceux qui dorment dans ces quatorze monuments furent des monarques puissants, des princes redoutés, des favorites illustres, et les vies de la plupart d'entre eux laissèrent dans l'histoire des Osmanlis des traces glorieuses. Ils reposent dans l'oubli et la désuétude, et à part les quelques cartels placés sur les murs, ou les catafalques, rien ne rappelle les munificences de leurs vies.

Par cette après-midi d'automne, l'aspect de ce cimetière d'empereurs éveille une désillusion, et la tristesse d'un abandon palpite sur les choses qu'il renferme. La nature est belle pourtant, et sur cette terre pleine d'ossements le soleil jette à flots sa lumière ardente. A l'ombre des platanes, des enfants et des softas sont étendus sur l'herbe. Sous les portiques ouverts des turbés, quelques gardiens somnolent, et derrière eux les couleurs des faïences des mausolées sont atténuées par les pénombres. A côté du cimetière, il y a un couvent de derviches, et par les grilles on voit les prêtres se promener sous les arcades, avec le lent va-et-vient des robes brunes et des hauts bonnets de feutre découpant des silhouettes bizarres sur le badigeon blanc des murs. En des coins de l'enclos, des fontaines laissent égoutter dans des vasques de marbre des filets d'eau clapotante. Une torpeur ouate les moindres bruits et il semble que le silence des turbés s'effile jusque dans le jardin et endorme la vie.

Pas plus que ces hypogées d'ailleurs, les mausolées d'Osman et d'Orkhan, les fondateurs de l'empire, ne sont luxueux et grandioses. Ils se trouvent près des débris de l'hissar, sur une esplanade plantée de quelques platanes à l'ombre desquels est dressée la tente des soldats gardiens. Les monuments sont près de la grille séparant le jardin du quartier turc; celui d'Osman est à droite, celui d'Orkhan à gauche, tout contre un médressé bâti sur l'emplacement du Daoud-monastier, le célèbre monastère de David. La tombe d'Orkhan, le vrai conquérant de Brousse, est moins belle encore que celle de son père, et quand elle fut reconstruite, après le tremblement de terre de 1855, on ne put la rééditier avec toutes les beautés qui l'embellissaient, dit-on, jadis.

Le monument d'Osman est plus grand, mais il ne renferme, à part les catafalques, aucun vestige d'autrefois. Auprès des fenêtres, le long des murs que couvrent d'horribles arabesques peintes à la chaux, de lourdes tentures modernes pendent jusqu'aux tapis couvrant les dalles. Le mausolée du sultan est tourné vers la Mecque, et derrière lui sont groupées dix-sept tombes, celles de deux princes, de quatorze enfants, d'une sultane favorite. Mais le tombeau du maître est plus riche. Une admirable balustrade de nacre l'entoure. Il est fait de marbre et de faïence émaillée, et sur l'arête du catafalque sont posés l'éternel turban blanc, des écharpes anciennes, des mouchoirs sacrés aux inscriptions bizarres.

Il y a de la paix et du mystère dans cet édifice où dort un des grands empereurs de l'Islam. Le feuillage des platanes centenaires du jardin ne laisse glisser par les verrières qu'une clarté douce, la chaude pénombre d'une chapelle. La marche des visiteurs et des gardiens est ouatée par les épais tapis. Un éternel recueillement plane sur les tombeaux, comme si la cité éteignait autour du monument ses rumeurs et sa vie, pour laisser dormir, dans une paix que viennent seules troubler les prières des ulémas, le conquérant seldjoucide qui enleva aux romains de Byzance la fertile Bythinie, le fondateur de la dynastie, le sultan Osman.

*\*\**

Les plus célèbres mosquées de Brousse sont la grande mosquée — Oulou-Djami — la mosquée verte — Jéchil-Djami, les mosquées de Bayézid et de Mourad. Mais ces dernières ne sont guère remarquables.

La grande mosquée est située près du bazar, au milieu de la

ville et ses minarets et ses coupoles dominent tout le quartier. C'est un des plus vastes édifices religieux de l'Orient et sa renommée est grande, bien que sa décoration antérieure et son luxe ne répondent pas à son importance. Les Turcs sont fiers de ce temple qui fut créé par Mourad, terminé sous Mohamed Ier et qui subit, malheureusement comme tous les monuments de Brousse, les ravages des tremblements de terre.

A présent, l'antique mosquée est réédifiée et remise à neuf; ses minarets ont été rebâtis et un propice badigeon blanc dissimule à l'extérieur les lézardes des murs et des marbres. Elle forme à peu près un quadrilatère de cent mètres de côté, partagé intérieure-

GROUPE D'HABITANTS DE BROUSSE.

ment par des alignements de lourds pilastres formant de nombreuses nefs formées de coupoles.

La voûte centrale est percée d'une large ouverture à ciel ouvert juste au-dessus d'une fontaine de marbre remplie par l'eau pure de l'Olympe et peuplée de petits poissons rouges. Au dehors, la décoration n'offre rien de remarquable et la porte principale seule est ornée de quelques sculptures de marbre et d'inscriptions coraniques. De chaque coté de cette porte s'érigent les deux minarets.

A l'intérieur, les ors et les peintures d'autrefois ont été recouverts d'un badigeon crème, uniforme, sur lequel on a dessiné çà et là d'immenses cercles noirs entourant des maximes tirées du Coran ou des lettres pieuses, en voulant sans doute imiter les grands disques de marbre vert, gravés de lettres d'or, qui garnissent les hauts piliers de Sainte-Sophie, à Constantinople. Le mirab (1) lui-même n'est pas, comme dans la plupart des mosquées antiques, fait de marbre ou de faïences peintes. Il est dessiné

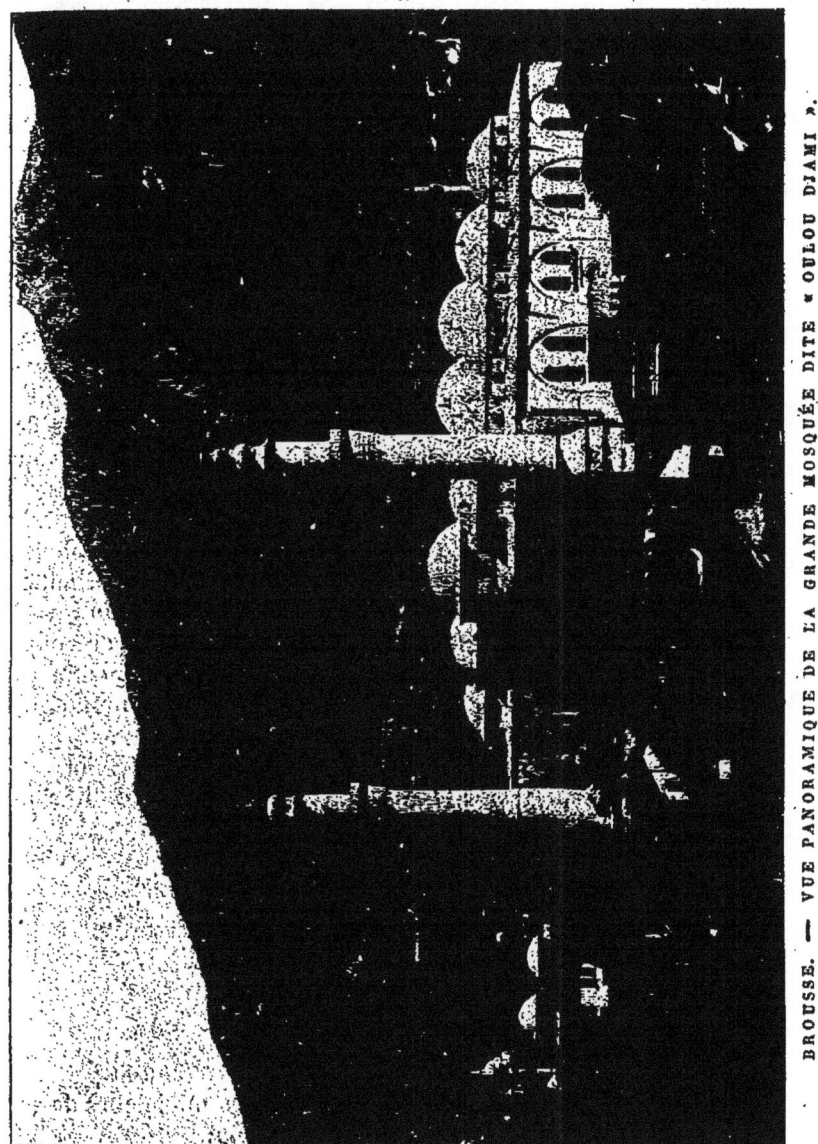

BROUSSE. — VUE PANORAMIQUE DE LA GRANDE MOSQUÉE DITE « OULOU DJAMI ».

à même le mur, et des couleurs vives ornent ces capricieuses arabesques. Il y a pourtant, au-dessus, deux beaux vitraux.

A gauche de ce lieu sacré, un balcon de bois ouvragé, supporté

(1) Mirab — lieu devant lequel s'agenouillent les mahométans. Il est toujours tourné vers la Mecque.

par des pilastres, sert de loge au vali de Brousse quand il vient faire ses dévotions. A côté se trouve aussi la chaire où le prêtre lit le Coran, une petite plate-forme à laquelle on accède par un escalier étroit, muni de deux balustrades délicatement ouvragées. Çà et là, aux plafonds, pendent des cercles de fer supportant les lampes que l'on allume les jours de fête religieuse. Partout, des nattes d'une extrême propreté tapissent le sol.

Malgré la simplicité de sa décoration, l'Oulou-Djami présente un aspect curieux et imposant et une certaine grandeur se dégage de son ensemble. Ses colonnes massives, ses hautes coupoles blanches, ses murs que tachent les signes mystérieux de l'Islam, sa grande baie lumineuse, qui perce le cintre et verse à flots dans l'édifice une chaude clarté, le lent dégoulis de sa fontaine, tout cela produit une impression favorable, et l'on comprend la vénération que les Osmanlis ont pour ce temple de leurs premiers empereurs.

Il y a toujours des fidèles en la grande mosquée; des citadins, des gens des campagnes venus aux marchés ou aux ventes des cocons; des paysans sales, des soldats déguenillés, des softas qui ont tout près un grand medressé, tout un monde de croyants qui s'agenouillent, face au mirab, sur les nattes blanches, et prient. Le bruit du jet d'eau éternise dans la paix du monument un doucereux murmure; quelquefois, des petits oiseaux et des corneilles, passant par la coupole centrale, mettent sous les voûtes un joyeux tumulte de cris et de battements d'ailes. Et des imans accroupis dans les coins, devant des cercles d'étudiants attentifs, commentent à haute voix les textes sacrés ou chantent de monotones oraisons.

Bien plus intéressante sous le rapport de la richesse est la mosquée de Mohamed, la mosquée verte ou Jéchil-Djami. Elle est beaucoup plus petite pourtant, et son mignon cube de pierres et de marbre semble perdu au milieu d'une esplanade assez grande, qu'ombragent des platanes centenaires. Ses murs gris sont peu ornés à l'intérieur, et le portique seul, d'un marbre blanc que le temps a sali, est remarquable. Des versets du Coran ciselés en hautes lettres ornent son cintre, et de la voûte descendent des colonnettes finement sculptées. L'intérieur, au contraire, est merveilleux. La salle est pourtant petite et peu haute, mais il semble que la magnificence du fondateur ait voulu réunir en la petitesse de l'édifice tout ce que l'art des céramistes et des modeleurs de son époque pouvait produire de décoratif et de beau.

Les murs sont couverts de lambris en faïences émaillées, d'une réelle magnificence, où dominent quatre tons, le vert, le bleu, l'or effacé et le blanc. De chaque côté de la porte et sur les murs latéraux sont creusées de hautes et larges niches, entièrement tapissées de ces faïences merveilleuses. Les dessins de ces revêtements ne sont pas identiques à ceux qui forment les autres carreaux, mais leurs tons paraissent plus décoratifs et plus beaux. Les gammes des verts et des bleus y dominent encore. Comme ces espèces de chapelles où prient les imans, le mirab est admirable. Il est petit pourtant, peu haut, étroit; mais le dessin des arabesques est étonnant, et les mêmes tonalités des bleus et des verts s'enferment en les capricieuses volutes des cernes. Au milieu du temple, une fontaine de marbre vert laisse filtrer dans sa vasque une eau claire qui entretient sous la voûte une éternelle fraîcheur. Et cette fontaine murmurante, la petitesse de la mosquée, la nudité claire des murs blancs par dessus la beauté des lambris et des niches évocatrices de ciels et de verdures, font de cet édifice un asile merveilleux de paix où il doit faire bon prier dans l'oubli du monde. Tout y est beau et délicat. Nul apparat criard ne détruit l'harmonie de l'ensemble et il n'y a pas comme en les autres mosquées, sur les murs, près du mirab, des petits objets du culte cossus et modernes. Les couleurs elles-mêmes s'harmonisent; les tons des émaux n'ont pas le glacis criard des faïences d'aujourd'hui. Et il semble que le temps ait voulu, en atténuant la hardiesse des ors et la crudité des teintes trop vives, produire la belle harmonie décorative et l'ensemble qu'on admire aujourdhui.

De l'autre côté de la placette, face à la mosquée, s'élève, dans le jardin d'un mollah, le turbé où repose le fondateur du temple. C'est un bâtiment octogonal dont les grands panneaux extérieurs sont recouverts de faïences unies, d'un bleu hardi, un bleu de prusse opali et comme lavé de vert. Sous le soleil ardent, les huit panneaux immenses resplendissent comme de vastes et merveilleuses plaques d'émail, si bien que de très loin dans la vallée, les jours de clarté, on voit le turbé flamber de son badigeon clair, où la lumière met des tons de nacre. A l'intérieur, des revêtements de faïence forment des lambris, et neuf catafalques sont groupés sous la voûte, celui de Mohamed, de sa favorite et de ses sept enfants. Elles sont fort simples ces tombes que couvrent des carreaux émaillés verts et blancs. Celle du sultan se distingue des autres par l'éternel turban garnissant la pointe du tumulus et par un petit cartel tout modeste, sous verre — des lettres dorées sur fond bleu — disant le nom du maître, ses vertus et sa gloire.

*\*\**

Malgré le voisinage de la côte d'Europe, malgré le chemin de fer qui la relie à l'Occident et tente d'y détruire petit à petit le pittoresque de sa vie, Brousse, bien plus que Smyrne, l'autre grande ville d'Asie mineure, conserve un cachet spécial et savoureux. La perle de l'Anatolie n'a pas, comme Smyrne, ce Paris du Levant que les vieux Osmanlis nomment Giaou Symir, — Smyrne l'infidèle, — des magasins à l'instar de nos métropoles et des rues qu'on croirait enlevées à nos cités, mais elle garde le charme d'une situation admirable, des ruines curieuses, des quartiers restés vierges où les indigènes enferment, comme en la paix de sanctuaires, les coutumes d'autrefois et la sincérité de leurs croyances. Ce n'est plus Konia pourtant, la ville sainte des derviches où la vie initiale des croyants est restée pure, protégée par le fanatisme qui se dégage des medressés où officient les fidèles sectateurs des *soufri* venérés, « vêtus de laine », Chems-eddin et Djelal-eddin Roumi, les grands prieurs des derviches. C'est une ville intermédiaire que sa grande industrie et son commerce ont forcément ouverte à l'Occident, mais qui conserve, malgré tout, son pittoresque et une réelle beauté.

Brousse est une cité calme et tranquille, comme tous ces centres populeux d'Asie, où la douceur de la vie semble atténuer l'agitation des foules. Il n'y a de l'animation que dans les ruelles du Bazar, au marché des cocons et des fruits, près du Konak (1) du vali (2), dans quelques rues des quartiers arméniens et grecs où sont établies la plupart des filatures. Car Brousse doit son importance à l'industrie de la soie. Pourtant il n'y a pas là les voisinances des fabriques, le va-et-vient de nos cités usinières et le brouhaha des ruches laborieuses de nos faubourgs ouvriers.

Les filatures sont petites pour la plupart, très primitivement installées en de grandes maisons de glaise et de bois, dans l'ombre de ruelles sales et tortueuses. Quelques fabriques pourtant appartenant à de riches Arméniens ou à des étrangers sont mieux outillées et peuvent soutenir la concurrence. Presque toutes ces filatures se composent de rangées de machines peu compliquées qui travaillent les cocons. Devant des établis, des ouvrières, en de petites bassines de cuivre, nettoient les cocons, les secouent à l'aide de balais pour enlever les mauvais fils et amorcer le bon, dont le bout est pris et guidé par des tuyères conductrices et des crochets qui le mènent s'enrouler sur de larges tourniquets de bois. Presque toutes les travailleuses sont des grecques, des arméniennes, des juives, des circassiennes, et il y a parmi elles maints types curieux, maintes femmes superbes. Les Turques sont peu nombreuses en ces usines. Elles besognent pourtant, mais dans le mystère des maisons, et s'occupent surtout à la préparation des cocons et des grains.

Il n'existe que peu de métiers de tissage à Brousse, et la soie filée dans les usines de la ville s'expédie aux manufactures de l'étranger où elle est renommée pour sa finesse et sa beauté. On trouve pourtant en certains magasins du bazar de très jolies pièces de soie indigène, tissées dans les maisons, des écharpes dont les broderies d'or et d'argent représentent des inscriptions coraniques,

(1) Konak. — Palais.
(2) Vali. — Gouverneur de la ville et du vilayet.

des mouchoirs, des bandes décorées d'étranges floraisons, de merveilleux jachmaks (1) pour les femmes des harems.

BROUSSE. — LE PONT GAUK-SON (QUARTIER ARMÉNIEN).

Le quartier arménien doit à ses habitants industrieux et affairés un cachet particulier bien fait pour étonner, en cette ville d'Orient conservant en ses parties vraiment turques les tons d'une race.

(1) Jachmaks — voiles.

Ses rues sont plus larges et plus proprettes, malgré l'absence des pavés; ses maisons de bois ont presque des allures présentables, malgré la lézarde des tremblements de terre et la salissure des torchis. Par les fenêtres ouvertes au ton de l'air et aux odeurs penchantes vaguées de la vallée et des vergers immenses, s'avisent des intérieurs presque semblables aux nôtres, de grandes salles blanches que décorent des objets d'occident, des images pieuses, des bibelots. Çà et là, à travers des cloisons, on entend le ronflement d'une machine à vapeur et le ronron des métiers. Et les passants ont aussi nos costumes, et sans le fez rouge qui coiffe la plupart des hommes on croirait retrouver les foules de Paris.

Mais le quartier turc au contraire, comme s'il voulait protester contre cette intrusion des coutumes étrangères, garde son aspect triste et sale, et signifie encore toute la pauvreté de la vie musulmane. Des chiens vont et viennent, dartreux et lamentables, par ses rues boueuses escaladant le flanc des buttes. Le badigeon de ses maisons s'écaille, calciné par le soleil; les cafess (1) en fines lattes de frêne qui se bombent devant les fenêtres et cachent les femmes embusquées dans les shaknisirs (2) ont perdu leurs couleurs claires et les fleurs peintes qui les ornaient.

Parfois une ruelle s'anime d'un va-et-vient nouveau, devant quelques échoppes s'ouvrant dans les paquets roux des murs. Et ce sont de très petits étalages, ou des établis de marchands de fruits, de bourreliers, de fabricants de pipes, industries enfantines et naïves, qui mettent dans le boyau des venelles une rumeur de cris et de bruits d'outils. Mais cela est passager et fugitif. Et les rues reprennent, dans l'ombre des maisons, sous les branches des platanes, des jasmins et des térébinthes batifolant par dessus les murs des jardins, l'aspect et le calme d'une cité de silence. La paix d'une désuétude s'étend par les chaussées où les vieux turcs aux turbans verts, les femmes, engoncées en leurs longs feredgés ont des formes imprécises, parmi les pénombres tombées des balcons, des toits et des feuillages.

*\**

Le Bazar de Brousse n'est pas aussi vaste et aussi riche que celui de Stamboul, mais il est remarquable par l'importance de son marché, le pittoresque de son installation, la foule qui le fréquente.

Les boutiques débitant des denrées précieuses, des étoffes, des tapis, des armes, des bijoux, des costumes, sont placées en de multiples et longues ruelles voutées, se croisant en tous les sens et formant comme un immense labyrinthe. De larges baies percées

(1) Cafess — balustre des balcons.
(2) Shaknisirs — balcons des fenêtres.

dans les voûtes éclairent ces rues, laissant tomber des pans de lumière crue sur les étalages aux couleurs criardes, sur l'infinie variété des costumes, sur l'or, l'argent, les bijoux, les armes. Les boutiques, comme en tous les bazars d'Orient, sont petites et identiques d'aspect. Les rayons placés contre les murs sont précédés d'un petit plancher surplombant de cinquante centimètres la chaussée, et de trois à quatre mètres de côté. Sur ce tréteau les marchands s'accroupissent, dorment, fument, mangent, font des politesses et des avances aux clients, dont beaucoup, avec ce nonchaloir et ce besoin de commères particulières aux races levantines, s'installent eux aussi sur les établis, font la causette, palpent les produits, marchandent, avec d'interminables observations coupées de rires.

Devant ces étalages, la foule va et vient sans cesse ; un fleuve coule, indescriptible et étrange : Turcs, Arméniens, Juifs, Circassiens, Kurdes, Tartares, Persans, Grecs, des hommes, des enfants, des femmes, de tous rangs et de toute profession. Voici les gens du peuple. Des hamahs portant en des hottes de sparterie des pyramides de pastèques, de prunes, de raisins, des colis énormes ; des Kurdes aux costumes bariolés, la tête couverte des hauts turbans multicolores, la ceinture large bourrée de pipes, de cassolettes à tabac, de couteaux ; des pasteurs descendus des prairies du mont, engoncés en des peaux de moutons, guêtrés de loques brunes rapiécées ; des paysans de la plaine qui sont venus avec leurs femmes et leurs marmailles vendre au marché du bois, des fruits ou des cocons. Coudoyant ces malchanceux, des ulémas, des imans et des softas circulent, graves et presque fiers en leurs longues lévites brunes ou noires, leurs faces propres ombrées par les larges turbans verts ou blancs, leurs doigts égrenant des chapelets d'ambre ou de buis. Des derviches dont les visages maigres, aux traits durs, sont empreints de fanatisme, croisent des officiers déguenillés, des soldats malpropres, des employés du vali que le monde salue. Il passe aussi des bandes d'enfants retour de l'école, d'amusants petits turcs, drôlets en leurs larges culottes, riant et criant parmi les remous de la cohue ; des persans aux faces jaunes, aux yeux fiévreux, sous les bonnets d'astrakan ; des tartares aux yeux bridés ; des nègres conducteurs de caravanes. Et des femmes nombreuses mettent dans cette foule un va-et-vient plus lent qui s'attarde aux beautés des étalages, aux richesses des étoffes et des bijoux que montrent les boutiquiers. Ce sont des femmes du peuple, des épouses et des filles de paysans en costumes clairs mais salis ; des femmes de harems qui vont par bandes, sous la garde d'un eunuque ou d'une négresse, flânant devant les débits, croquant ici un grain de raisin, plus loin un morceau de lokoum (1),

(1) Lokoum — bonbon turc exquis.

drapant leur nonchalance en des feredgés de soie et de satin et glissant à l'européen qui passe avec son drogman un regard curieux et un sourire, à travers la frêle étamine des voiles.

Chaque morceau de cette cohue constitue un tableau curieux; et le décor des boutiques, l'or du soleil épandant çà et là par les bâillures des voûtes ses nappes lumineuses, lui forment une ambiance heureuse. Ici c'est un berger en long manteau fourré qui marchande un harnais brodé de perles. Là, devant une rôtisserie, des Kurdes sont accroupis et boivent de grands bols de thé où mijotent des tranches de citron; ils ont déposé sur les tapis leurs couteaux à gaines ciselées, et, derrière eux, les brasiers de bois

ATTELAGE DE LABOUR.

mettent sous les voûtes noires l'envol crépitant des flammes. Voici un Juif en robe fourrée, faisant cascader devant les regards envieux de trois turques, des flots d'étoffes sur lesquelles les broderies d'argent et d'or allument des luisances d'éclair. Plus loin, près du trépied que surmonte un plateau de bois d'un marchand de bonbons, des hanums (1) sont arrêtées et croquent des pastilles, des nougats ou mordent à belles dents dans les pulpes rouges des pastèques.

C'est une vraie foule d'Orient, étonnante, indescriptible, à affoler le prosateur qui voudrait narrer ses beautés, son pittoresque et son charme; une marée humaine qui fleure à la fois la chair de femme, la crasse des gueux, l'odeur des bêtes, les parfums pénétrants des pastilles, des huiles, des pâtes, des épices,

(1) Hanums — dames de harem.

RUINES ROMAINES DE NICÉE (ISNIK). — ENVIRONS DE BROUSSE.

des étoffes, et dont le cri est un incessant tumulte fait d'appels de hamahs, des rires des hanums, du clapotis des fontaines, du coudoiement et de la rumeur de ces milliers d'êtres.

Le bazar des bouchers, des ferronniers, des selliers, des tourneurs, des brocanteurs n'est pas comme l'autre installé en un labyrinthe de rues voûtées. Ses venelles prolongent bien les galeries où se vendent les marchandises plus précieuses, mais elles ne sont pas couvertes, et l'air y pénètre à foison. La magie de la lumière encadre mieux encore le pittoresque des boutiques où l'on voit travailler les marchands. De place en place, tendues entre les toitures, des rideaux de vigne tamisent les rayons solaires.

En ce bazar, il y a plus de tumulte encore, car la foule est presque entièrement composée d'hommes, et le bruit des marteaux et des outils augmente l'incessante rumeur. Et quelle animation dans les ruelles, quelle vie curieuse en la pénombre des boutiques!

Ici des ferronniers travaillent devant de petites enclumes haut perchées, près de la flambée rouge des fournaises; ils forgent des armes, des socs de charrue, des outils. Là des chaudronniers croupetés sur des nattes, martèlent des cuves de cuivre rouge sur de petits supports de bois. Plus loin des modeleurs assemblent de lourdes selles de bois ou creusent de capricieux dessins, des socques de femmes. Voici des bouchers occupés à chasser à coups de plumeau les légions de mouches bourdonnant autour des viandes; des marchands de fruits étendus devant les pyramides multicolores des pastèques, des raisins, des prunes, des melons, des aubergines, des tomates; des bourreliers et des maroquiniers brodant d'arabesques en perles le cuir des harnais, des selles et des ceintures; des tourneurs de pipes; des juifs brocanteurs, accroupis dans le noir des petites cases, derrière des étalages de vieux habits puants. Et comme dans le bazar des choses plus précieuses, la foule va et vient devant les ateliers et les boutiques, éternisant, sous le déroulement des vignes, dans les flaques de lumière çà et là glissée par les feuillages, son indescriptible beauté.

*
* *

Près du bazar se trouve le caravansérail, où débarquent les paysans de l'intérieur, apportant à la cité les fruits, le bois, les cocons de leurs campagnes et de leurs magnaneries.

C'est, autour d'une cour immense qu'ombragent des platanes noueux, un édifice carré à un étage et qui ressemble assez, avec ses murs blanchis à la chaux, ses portes et ses pavés salis de bouse et de paille, aux pourtours des étables des fermes d'Occident. L'étalage s'ouvre le long d'un large balcon courant le long des salles où peuvent reposer les voyageurs et les campagnards; le rez-de-chaussée sert de dépôt et abrite aussi les chevaux, les ânes, les buffles, les chameaux. Une odeur forte se dégage de ces salles basses, faite de parfums de fruits trop mûrs, d'arômes opiacés, de toutes les puanteurs humaines et bestiales essorées des floppées de paysans malpropres et de bêtes galeuses grouillant dans l'asile.

Dans les chaudes pénombres avivées par les portes ouvertes c'est un fouillis de ballots, de chameaux, de bœufs, de chevaux, avec de temps en temps, par la baie d'une fenêtre, le rayon d'or d'une clarté solaire. La cour est encombrée par toutes les charges peu précieuses, par les attelages, sarabas légères et coquettes avec leurs peintures et leurs rideaux, lourds chariots à échelles d'osier bondés de sacs et sonnaillant la vieillerie de leurs ferrailles, hautes selles pesamment chargées de sacs ou de fagots, ballots énormes de caravanes. Tout cela gît pêle-mêle, sous les ombres bleues descendues des platanes, au milieu de la furie de lumière reflétée par les murs blancs. Puis il y a la rumeur de la foule en cette cour, les cris des hommes et des bêtes, l'entrée d'une caravane, les chameaux marchant à la queue leu-leu, rythmant leur pas sur le tin-tin d'une sonnaille pendue au cou de l'un d'eux; les appels des conducteurs nègres, les beuglements des bœufs, le roulement des chariots, les aboiements des chiens, un tumulte incessant qui est comme la voix de cette cohue affairée venue des quatre coins de la contrée.

Pas bien loin de là se trouve le marché des cocons. Et là encore, ce sont des bâtiments blancs entourant une cour spacieuse. Des platanes mettent de l'ombre sur le repos des chameaux et des buffles, et entre leurs branches mortes, çà et là, des toiles tendues suppléent aux feuillages absents. Une mosquée curieuse s'érige au milieu de cette cour. Elle est petite, mignonne et drôle. On y accède par un escalier de bois vermoulu, car son pavement est juché sur de hauts pilastres et se bombe en voûte. Sous cette voûte, dans une ombre perpétuelle, il y a une fontaine où bêtes et gens viennent se désaltérer.

Le marché des cocons se tient dans les bâtiments. Et c'est, autour des ballots, aux heures des ventes, un remuement de marchands, de filateurs, de hamahs, de paysans, de chameliers. A l'étage, un balcon de bois court le long des salles, et, à ses colonnettes, des vignes s'enguirlandent, mettant, dans le bain de soleil, le mauve ardent de leurs grappes mûres.

*
* *

Il n'est pas permis de visiter Brousse sans consacrer une journée à l'ascension du mont dont le nom retentissant entre pour beaucoup dans la gloire de l'antique cité. Bien que les croyances des peuples d'autrefois aient fait de plus d'une montagne élevée le séjour de leurs dieux et donné à maintes cimes le nom vénéré d'Olympe, l'Olympe de Bithynie reste parmi les plus célèbres, peut-être parce que le mont de Brousse fut témoin des plus étonnantes épopées, peut-être aussi parce que sa position auprès d'une vallée d'une incomparable fertilité, dans un climat exquis, en faisait un séjour digne des Dieux.

L'escalade de l'Olympe n'est pas bien laborieuse et on la fait très facilement en une journée grâce aux ardents petits chevaux du pays. Il faut pourtant l'autorisation du vali, car on adjoint à la caravane un soldat armé destiné à écarter les Zeibeks maraudeurs en promenade par les chemins du mont.

Les attaques contre les touristes sont rares, fort rares; aussi la petite escorte qui nous accompagnait — l'éternel drogman, le gardien des chevaux, le soldat — nous semblait bien plus redoutable que les très problématiques Zeibecks. Ils avaient si pitoyable allure nos trois compagnons, — le soldat et le gardien surtout : l'un Kurde à face pas très rassurante, l'autre un troubade si lamentable et si gueux dans ses vêtures trouées qu'on l'aurait volontiers excusé de prendre la place des Zeibecks et de demander aux voyageurs de copieux bachichs pour remonter sa garde-robe.

Il faut, pour gravir l'Olympe, quitter l'hôtel à cinq heures du matin, dans la douceur de l'aube qui ouate de brumes la crête des monts et étend sur les faubourgs et la plaine le voile de ses vapeurs. A cette heure, les rues sont silencieuses. On passe près du grand cimetière, derrière l'hissar, et de suite commence l'ascension, par des chemins escaladant les buttes à travers des massifs de châtaigniers, le long d'épais buissons et de platanes. Plus haut, sont les chênes et les pins. Et la route va à travers les rocs, longe des pans de marbre et de basalte, surplombe des précipices, s'étend quelquefois sur des espèces de plateaux où poussent, sur on ne sait quel humus tapissant les granits, toutes sortes de floraisons sauvages. Au fur et à mesure que l'on monte et que l'on grandit, le merveilleux panorama de la vallée se déroule dans toute sa splendeur.

D'abord c'est la cité avec ses paquets de maisons multicolores, le gris de ses toits, ses mosquées, ses minarets dont les tons clairs semblent flamber dans les lumières du levant, les taches plus sombres des jardins, les cimetières où s'érigent, sur le damier blanc des tombes, les innombrables fûts de cyprès. Plus loin, s'étendent les plaines, les vergers, les bois, et s'allongent les chemins qui semblent, dans le vert des cultures et des prés, de longs rubans couleur de rouille. Mais du sommet du mont la vue est plus admirable encore. Les villages, les champs, les routes s'effacent dans une tonalité grise; çà  , des taches plus mates indiquent des bois; des luisances d'émail révèlent les grands lacs, et tout au loin, vers le Nord et l'Ouest, la baie de Moudania et la mer de Marmara étendent leurs nappes claires jusqu'aux brumes de l'horizon. Au midi, par dessus un précipice coupant la cime à pic, on découvre la Bithynie entière, une immense tache d'un jaune gris, navrante dans sa monotonie, des plaines, des coteaux qui semblent des vagues gigantesques soudainement figées. Comme entre le mont et la mer, les points plus sombres sont les forêts, l'émail clair, l'eau des rivières et des lacs.

UNE ROUTE DES FAUBOURGS DE BROUSSE.

Et rares sont les points blancs désignant les hameaux et les demeures, par l'infini de la contrée.

On ne trouve plus au sommet du mont trace des monuments antiques dont parlaient les vieux livres.

Çà et là, dans des anfractuosités de la roche, la neige de l'hiver s'éternise, assez rare pourtant, à cause de l'excessive température des étés. Sous ces latitudes d'ailleurs la neige ne subsiste qu'au-dessus de trois mille mètres, et l'Olympe atteint un peu plus de deux mille mètres.

Faut-il dire enfin que pendant notre excursion nous n'eûmes pas l'heur de lier connaissance avec les Zeibecks farouches, dont les drogmans narraient la méchanceté? Ils sont décidément très forts ces bons Turcs et connaissent tous les moyens de motiver les bachichs et d'organiser sur une grande échelle l'exploitation des voyageurs.

Une des curiosités promises au touriste est la source d'où partent tous les courants d'eau alimentant les quartiers de la cité. Elle s'ouvre dans les premiers escarpements du mont, près du grand champ des morts; et, sur les parois du ruisseau dallé qui la continue, débouchent les conduites menant à tous les quartiers, aux fontaines, le tribut de ses eaux pures.

C'est une des richesses de Brousse cette abondance des eaux. Il y a même des eaux chaudes, sulfureuses et alcalines dont les bains sont célèbres dans tout l'Orient. Leurs sources se trouvent dans plusieurs grands bâtiments en forme de mosquée érigés le long de la route d'Anatolie, par delà l'ossuaire de la Mouradieh. Deux de ces édifices sont vastes et d'un aménagement remarquable. On y trouve de grandes salles voûtées, pavées de marbre, des étuves, des piscines circulaires de marbre blanc où coulent les eaux chaudes, des divans où les baigneurs, après la torture des massages et des immersions, vont s'étendre et fumer les cigarettes et les narghilés dans une atmosphère qui embaume l'odeur des essences rares et les parfums des tabacs blonds. Des bains sont réservés aux femmes, car pour elles, plus encore que pour les hommes, le farniente des divans et les étuves tiédies sont de grandes distractions. Et de l'autre côté de cette route qui part de Brousse vers l'intérieur de l'Asie et les cités de la côte, sur les escarpements du mont, s'étagent, en des asiles de verdure, des Jalis de campagne, des maisons cossues, d'adorables demeures de paix, qui abritent, à la bonne saison, la vie douce des richards de Stamboul, le mystère de quelques harems de pachas.

\*\*\*

Comme il faut que les visions du touriste se concentrent en un point autour duquel revivent mieux tous les souvenirs, je revois surtout de cet admirable pays un coin qui me fit savourer, mieux que toutes les autres beautés, la splendeur de cette nature et le charme de la vie d'Orient. Ce que je revois, c'est un chemin : la route d'Anatolie, à l'orée de la ville, dans les tiédeurs de la vesprée.

C'est une fin d'après-midi d'automne qui laisse dans l'air la chaleur d'un soleil très doux, dans un souffle de brise. La route s'allonge devant les pentes du mont. Devant, c'est le déroulement, jusqu'aux lointaines collines mauves, de la merveilleuse vallée : des pâturages, des jardins, des maisons blanches. Derrière s'étagent les escarpements couverts de verdures de l'Olympe. A gauche les minarets, les coupoles, les toits de la ville émergent des frondaisons; à droite, passé les bains et les Jalis de campagne, la route se perd dans les mamelons des collines creuses. Au bord de la route sont plantées sous des arbres quelques tombes de marbre et des fontaines : des tombes d'hommes, dont les fûts sont surmontés d'un fez sculpté; des mausolées de femmes dont les pierres plates sont ornées de lettres dorées et de corbeilles de fleurs finement ciselées; des fontaines qui montrent, par dessus la vasque où s'écoule l'eau clapotante, le nom de pieux fondateur.

Et une foule va et vient sur cette route, y grouille avec ses types, ses costumes, ses attelages, ses cris, sa vie indescriptible et curieuse. Ce sont des tarabas ramenant à Brousse, dans un fouillis de feredgés, de soie et de gaz, tout un harem de pacha; des voitures de riches Arméniens, véhiculant des femmes aux faces pleines, aux grands yeux lourds et chauds, levantines qui risquent l'extravagance des costumes d'Occident et qui seraient si affolantes en les vêtures de leur pays; des chariots de paysans chargés de sacs et traînés par des buffles; des caravanes de chameaux dartreux, marchant lentement dans les groupes, à la cadence de la sonnaille conductrice; des officiers, des soldats, des Kurdes haut perchés sur des ânes ou des petits chevaux alertes, des paysannes en feredgés bleus et blancs, des Juifs en lévite fourrée, des hamahs, des marchands de sorbets et de fruits, toute l'infinie variété d'êtres qui font la foule des villes d'Asie Mineure.

Tout cela se meut dans les tiédeurs du soir, au bruit d'une rumeur incessante faite de cris, de roulements, de sonneries et de rire. Au bout du chemin, la foule semble perdue; à droite, vers Brousse, elle est comme empaquetée en les premières ombres; à gauche, vers la lumière du couchant, la poussière qui monte sous ses pas la nimbe d'un brouillard d'or.

La mollesse de ce soir qui vient met dans les êtres la douceur d'un désir; des gestes de femmes dolentes promenées en les calèches et les tarabas semblent las; des regards d'arméniennes s'alanguissent sous les cils noirs agrandis par le kohl. O magie de cette contrée délicieuse, qui glisse en les êtres ses tendresses et ses bontés!

Car tout ce qui entoure la marée humaine roulant sur la route participe, autant que le spectacle de la foule, à la joie de la vision : le ciel serein, la vallée immense, le mont, tous les parfums épars de la plaine et des collines. En cette paix du crépuscule la nature est comme embellie, et sur elle un voile se tisse lentement qui la montre dans un recul de mystère.

Là-bas, petit à petit, sur les côteaux violets, le soleil descend et ses ultimes clartés étendent dans le ciel de longues bandes d'or. A l'orient, le ciel est comme teinté de vert, un vert bleuté d'eau tranquille. Les fonds de la vallée sont déjà perdus, et la cime de l'Olympe s'encapuchonne de vapeurs grises. Une à une les taches plus pâles des campagnes s'effacent dans les remous des ombres. Ce sont d'abord les maisons et les routes lointaines; puis, le noir s'empare de la ville, estompe les toits, les coupoles, les minarets, toutes les choses plus visibles. Le soir est venu.

Dans les turbés vénérées, les petites veilleuses funéraires vont s'allumer, par dessus les catafalques, gardiennes des grands souvenirs.

Marius Renard.

FEMME DU PEUPLE (BROUSSE).

www.ingramcontent.com/pod-product-compliance
Lightning Source LLC
Chambersburg PA
CBHW060554050426
42451CB00011B/1899